Salpicos 1
Livro do aluno

Projeto
Camões – Instituto da Cooperação e da Língua

Coordenação Científica e Pedagógica
Camões – Instituto da Cooperação e da Língua

Cooperação e Produção
Know How

Autores
Rita Jonet
Luísa Vian

Ilustrador
Mónica Catalá

GW00643756

Lidel – edições técnicas, lda

EDIÇÃO E DISTRIBUIÇÃO
Lidel – Edições Técnicas, Lda
Rua D. Estefânia, 183, r/c Dto – 1049-057 Lisł
Tel: +351 213 511 448
lidel@lidel.pt
Projetos de edição: editec@lidel.pt
www.lidel.pt

LIVRARIA
Av. Praia da Vitória, 14 A – 1000-247 Lisboa
Tel: +351 213 511 448
livraria@lidel.pt

Copyright © 2011, Lidel – Edições Técnicas, Lda.
ISBN edição impressa: 978-972-757-821-4
1.ª edição: agosto 2009
2.ª edição revista impressa: agosto 2011
Reimpressão de julho 2016

Pré-Impressão: REK LAME Multiserviços Gráficos & Publicidade, Lda.
Impressão e acabamento: Cafilesa - Soluções Gráficas - Venda do Pinheiro
Dep. Legal: n.º 331395/11

Capa: Mónica Catalá
Ilustrações: Mónica Catalá

CD Áudio
Autoria das Músicas: Luís Cruz
Autoria das Letras: Gonçalo Dias, Paulo Gomes, Luís Cruz
Intérpretes:
    Canções – Coro ECM
    Vozes – Ana Vieira, Joana Brandão, João Bandeira Duarte, José Alves, Maria da Graça Rodrigues, Paulo Espírito Santo
Execução Técnica: Audio In – Produção de Áudio, Lda.
Duplicação: MPO (Portugal), Lda.

Todos os nossos livros passam por um rigoroso controlo de qualidade, no entanto aconselhamos a consulta periódica do nosso *site* (www.lidel.pt) para fazer o download de eventuais correções.

Não nos responsabilizamos por desatualizações das hiperligações presentes nesta obra, que foram verificadas à data de publicação da mesma.

Os nomes comerciais referenciados neste livro têm patente registada.

Livro do Aluno

Índice

Era uma vez...

Um pequeno país chamado Portugal...
Vamos aprender a falar português com o cão Salpicos, o Manuel, a Isabel e os seus pais!

Apresentação
do aluno

Apresentação
do Salpicos

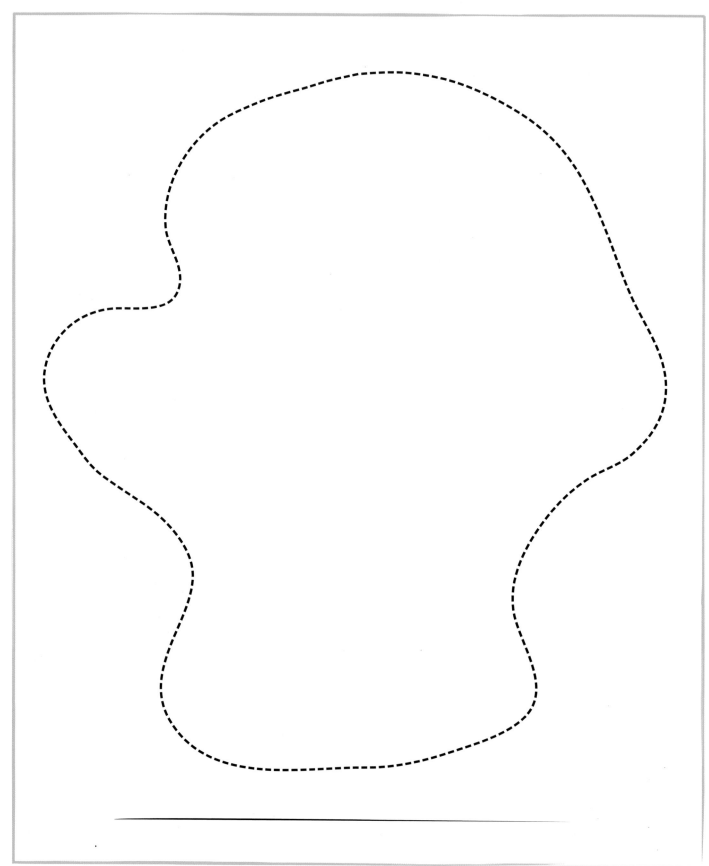

Unidade 1
Família nuclear e animal de estimação

Canção

Bom dia

Entrando na nossa escola,
Cantamos com alegria.
Saudamos os coleguinhas:
Bom dia, bom dia!

Depois ao entrar na sala,
Cantamos com alegria.
Saudamos os professores:
Bom dia, bom dia!

Saindo da nossa escola,
Cantamos com alegria.
Saudamos os coleguinhas:
Adeus, até outro dia!

Depois ao sair da sala,
Cantamos com alegria.
Saudamos os professores:
Adeus, até outro dia!

História: "O cão Salpicos"

Ficha 2

1
2
3
4
5

Ficha 3

Ficha 4

Ficha 5

Unidade 2
Animais do Jardim Zoológico

 Canção

O elefante

Quem é que ali vem?
Tão pesadão!
Parece um gigante,
Muito mandrião.
É o elefante,
Este gigantão!

[bis]

História: "O Manuel leva o Salpicos ao Jardim Zoológico"

Ficha 6

Ficha 7

Ficha 8

Unidade 3
As cores

🎵 **Canção**

Bibe colorido

O meu bibe é colorido,
Pintado de muitas cores,
Ele tem um arco-íris
E um jardim cheio de flores!
Ele tem um arco-íris
E um jardim cheio de flores!

[refrão]
O meu bibe é colorido
Tem cor e muita magia,
E com ele posso andar
A brincar todo o dia
[bis]

O meu bibe é colorido,
É um grande companheiro,
Vai comigo para a escola,
Brinco com ele no recreio.
Vai comigo para a escola,
Brinco com ele no recreio.

[refrão]
[bis]

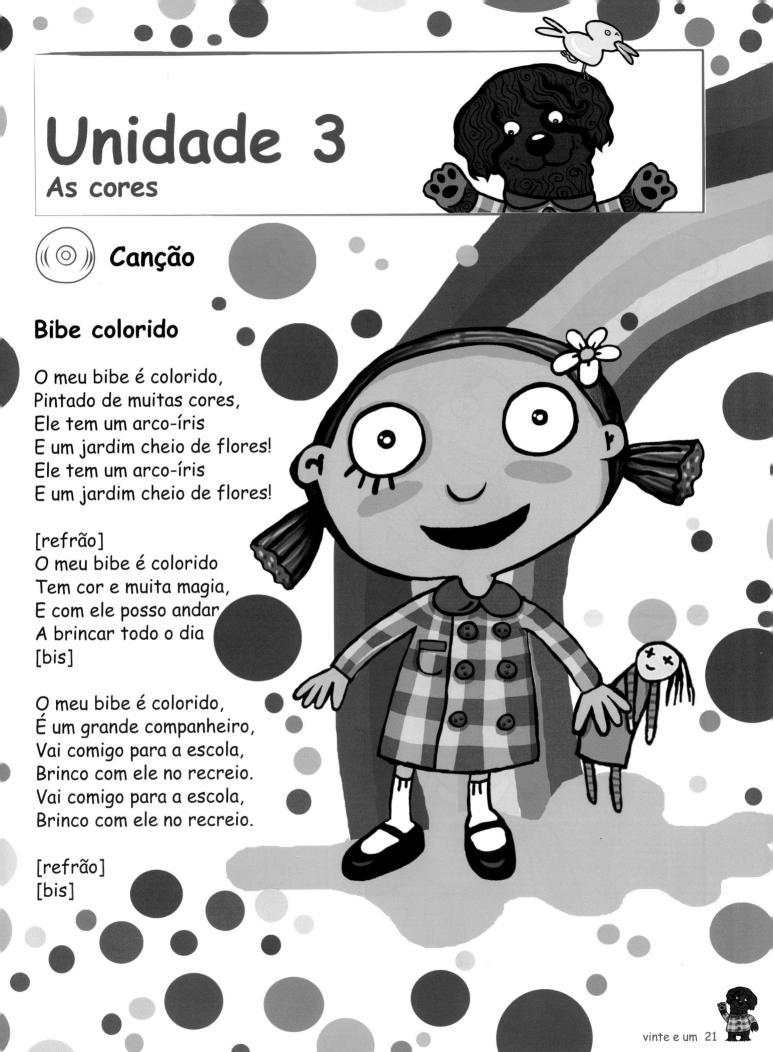

História: "Gostas de que cores?"

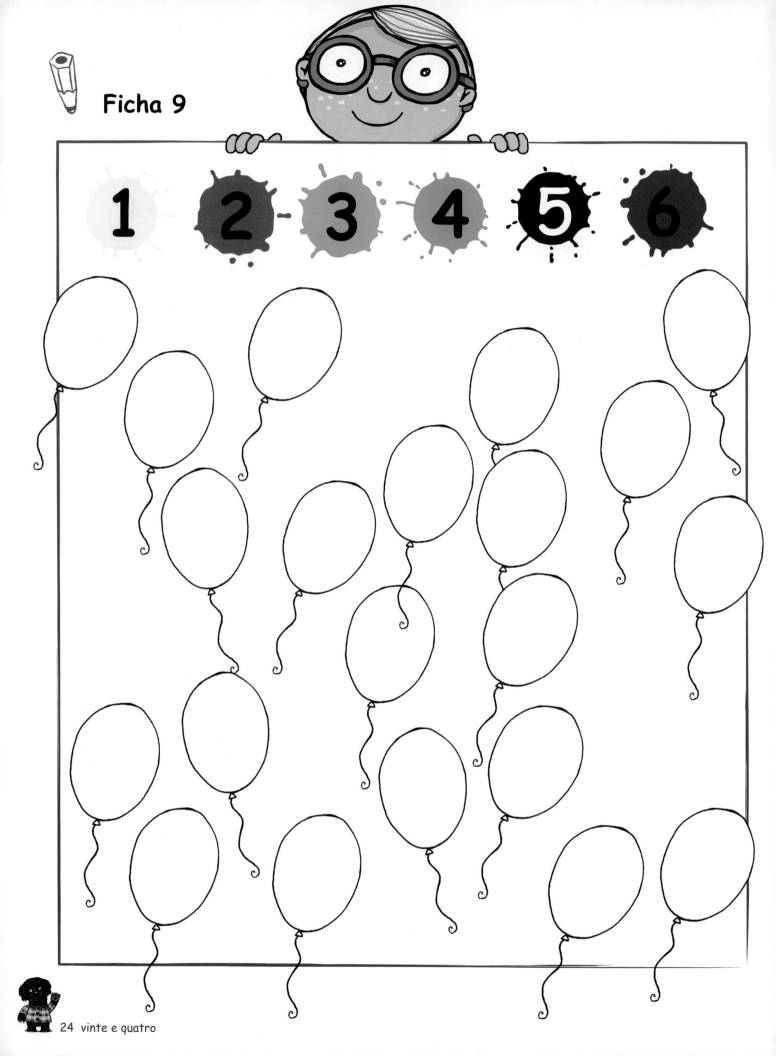

Ficha 9

1 2 3 4 5 6

Ficha 10

1 2 - 3 4 5

Unidade 4
A família em festa

Canção

Parabéns a você

Parabéns a você,
Nesta data querida,
Muitas felicidades,
Muitos anos de vida.

Hoje é dia de festa,
Cantam as nossas almas,
Pr'a você que faz anos,
Uma salva de palmas.

História: "Dia de festa"

Ficha 13

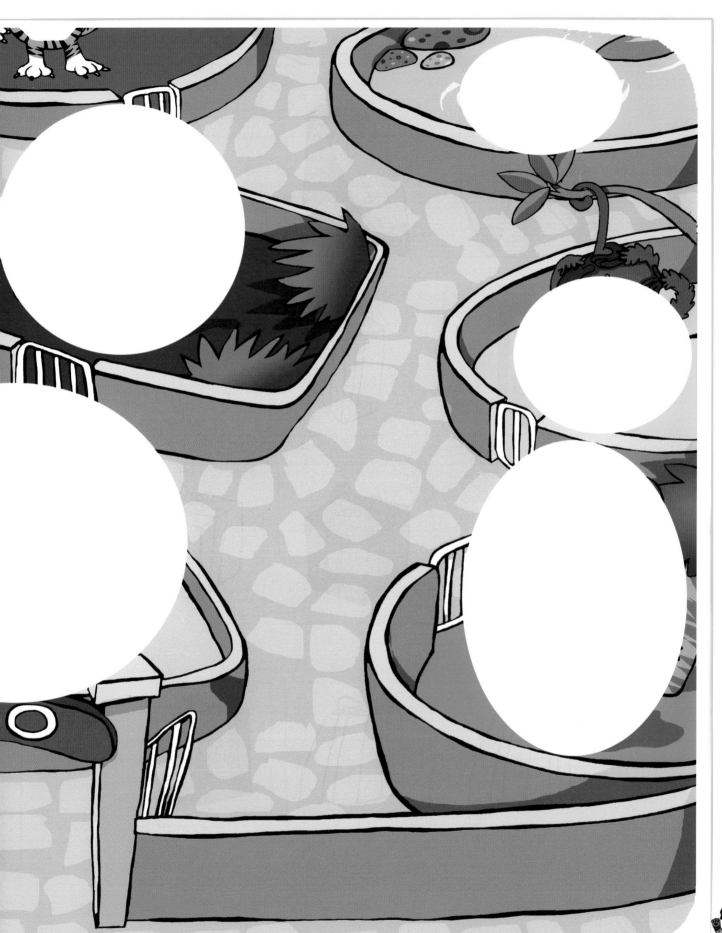

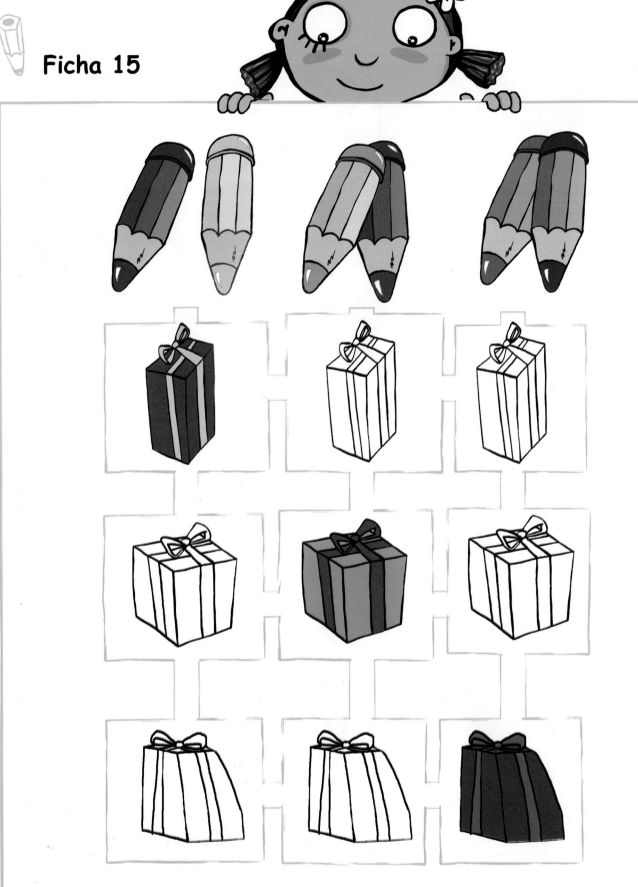

Unidade 5

A escola

 Canção

Que linda falua

Que linda falua que lá vem, lá vem,
é uma falua que vem de Belém!

Eu peço ao barqueiro que deixe passar,
que eu tenho filhinhos, ai, p'ra sustentar!

Então passará, mas alguém ficará,
Se não for a mãe, ai, um filho será!
[bis]

História: "O Manuel vai com o pai para a escola"

Ficha 16

Ficha 17

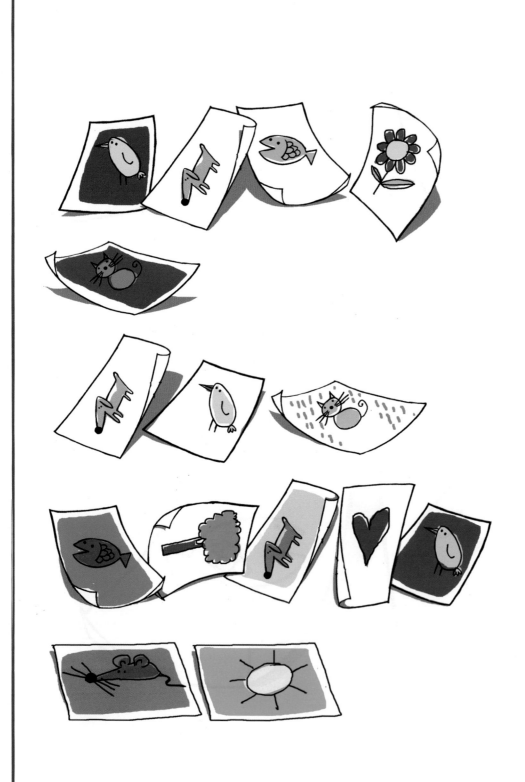

1
2
3
4
5

Ficha 20

Ficha 21

Unidade 6
O corpo em ação

 Canção **Quando eu estou contente**

Quando eu estou contente bato as mãos. (bater duas palmas)
Quando eu estou contente bato as mãos. (bater duas palmas)
Quando eu estou contente vou mostrá-lo a toda a gente.
Quando eu estou contente bato as mãos. (bater duas palmas)

Quando eu estou contente bato os pés. (bater os dois pés)
Quando eu estou contente bato os pés. (bater os dois pés)
Quando eu estou contente vou mostrá-lo a toda a gente.
Quando eu estou contente bato os pés. (bater os dois pés)

Quando eu estou contente vou saudar. (levantar a mão)
Quando eu estou contente vou saudar. (levantar a mão)
Quando eu estou contente vou mostrá-lo a toda a gente.
Quando eu estou contente vou saudar. (levantar a mão)

Quando eu estou contente vou beijar. (atirar dois beijos)
Quando eu estou contente vou beijar. (atirar dois beijos)
Quando eu estou contente vou mostrá-lo a toda a gente.
Quando eu estou contente vou beijar. (atirar dois beijos)

História: "A aula de ginástica"

Ficha 23

Ficha 24

Ficha 25

Ficha 26

Ficha 27

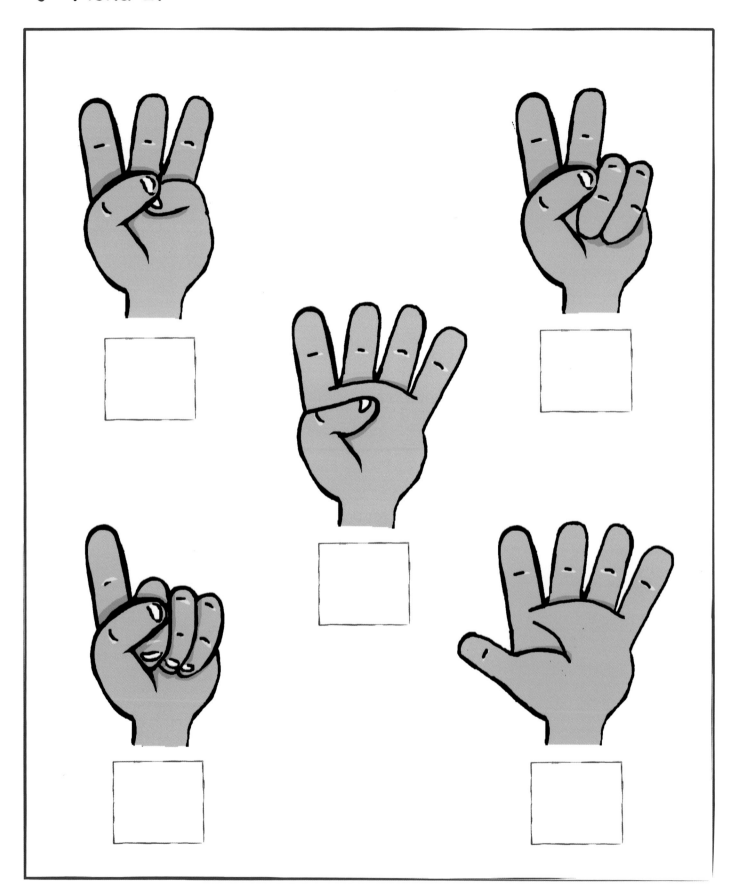

Ficha 28

Ficha 29

Ficha 30

Ficha 31

Unidade 7
A casa e o jardim

🔘 **Canção**

Lá vai uma, lá vão duas

Lá vai uma, lá vão duas,
Três pombinhas a voar,
Uma é minha, outra é tua,
Outra é de quem a apanhar.

A criada lá de cima
É feita de papelão.
Quando vai fazer a cama
Diz assim para o patrão:

Sete e sete são catorze,
Com mais sete, vinte e um,
Tenho sete namorados,
E não gosto de nenhum.
[bis]

Ficha 34

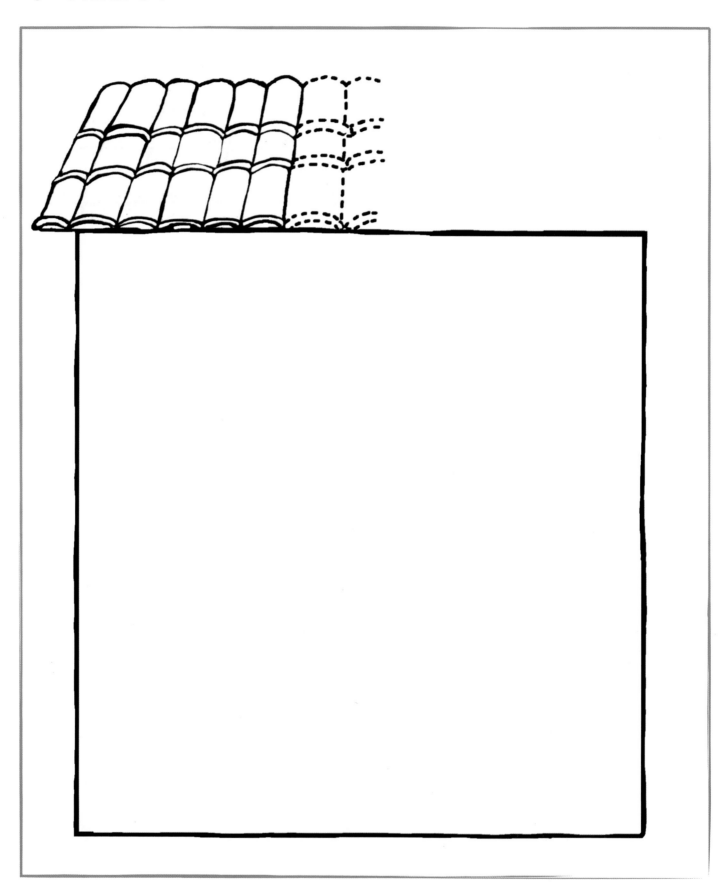

Ficha 35

Ficha 36

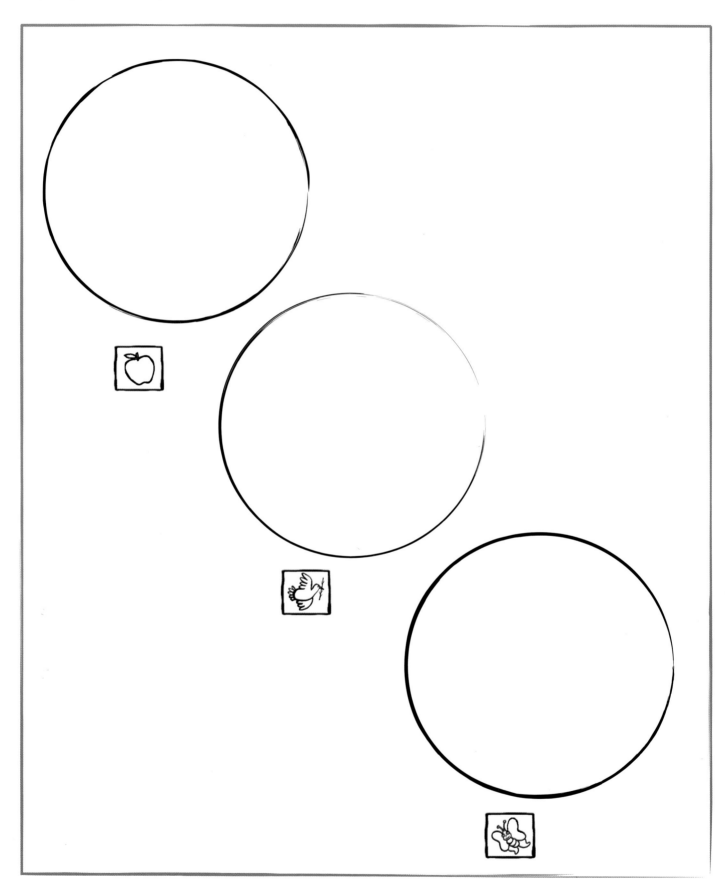

Ficha 37

Ficha 38

Unidade 8
Férias

Canção

A moda da Rita

Esta é que era a moda que a Rita cantava.
Esta é que era a moda que a Rita cantava.
Lá na praia nova, olaré, ninguém lhe ganhava.
Lá na praia nova, olaré, ninguém lhe ganhava.

Ninguém lhe ganhava, ninguém lhe ganhou.
Ninguém lhe ganhava, ninguém lhe ganhou.
Esta é que é a moda, olaré, que a Rita cantou.
Esta é que é a moda, olaré, que a Rita cantou.
[bis]

História: "As férias do Manuel e do Salpicos"

Ficha 39

Ficha 40

Ficha 41

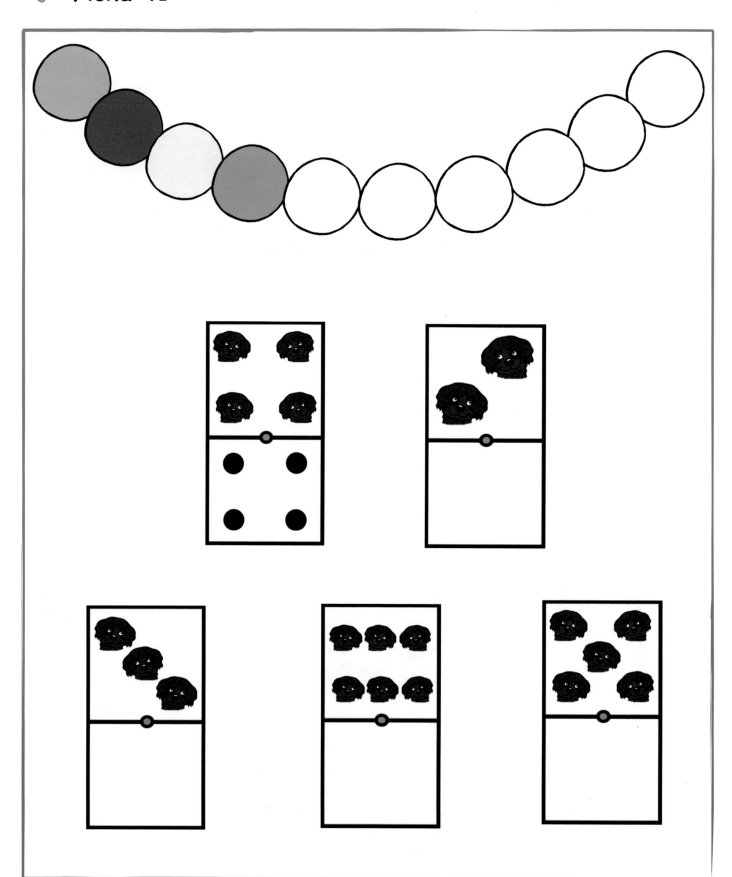

Ficha 42

Ficha 43

Ficha 45

Cores da praia	Cores do campo

VIVA A FESTA

Natal - Presépio

Carnaval

Páscoa

Dia do Pai

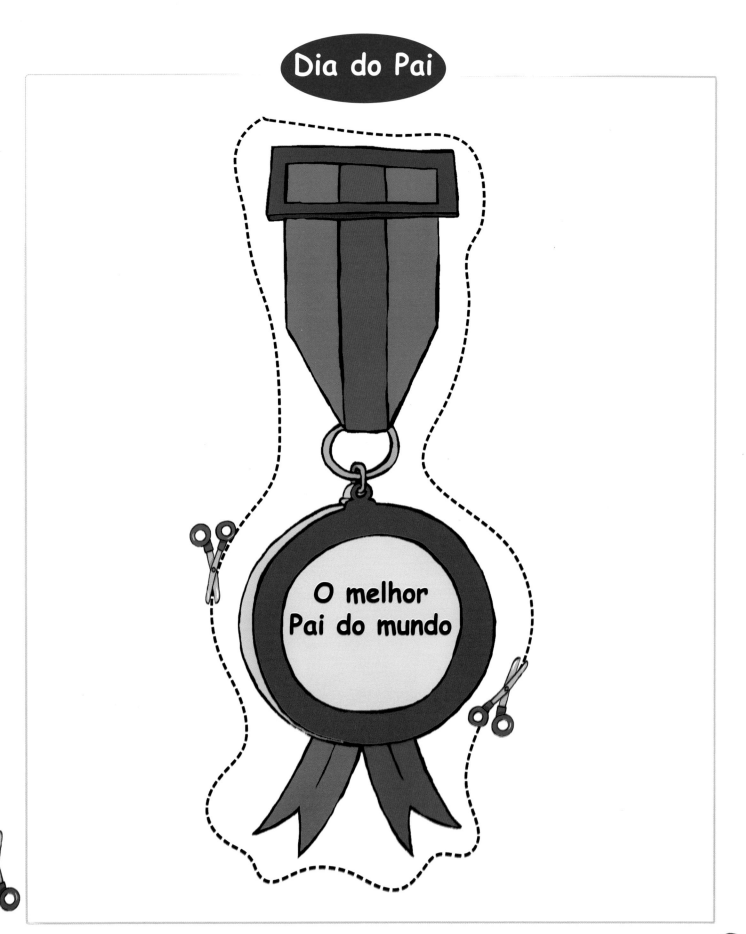

O melhor
Pai do mundo

Dia da Mãe

A melhor
Mãe do mundo

RECORTES

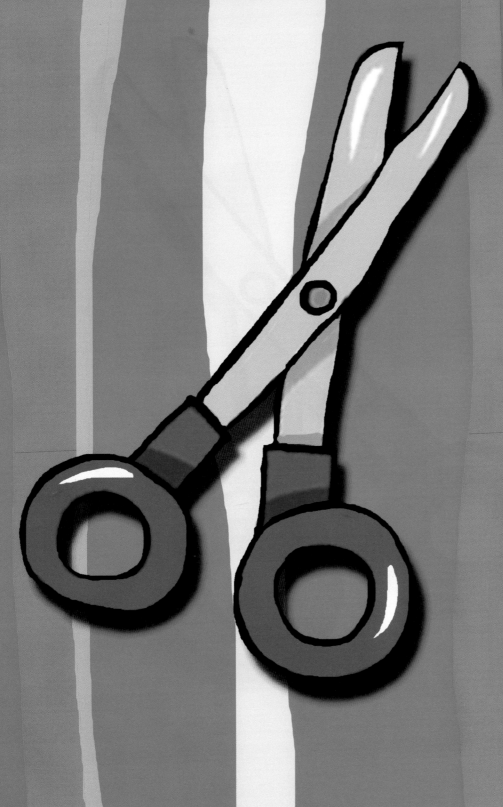

agrafar

dobrar

Unidade 2 - Recorte 5

dobrar

agrafar

Unidade 3 - Recorte 8

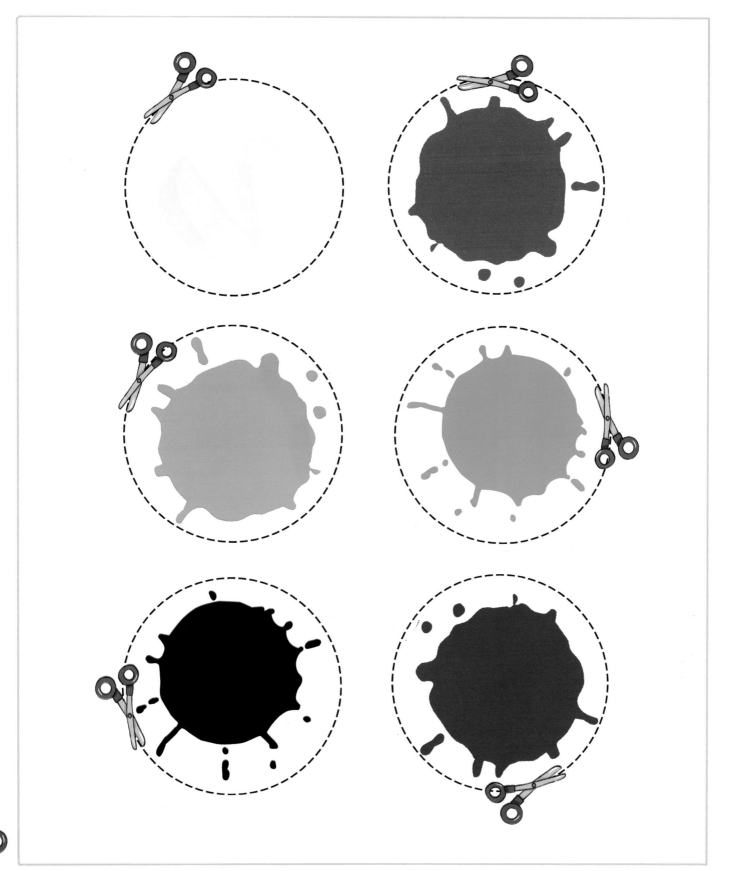

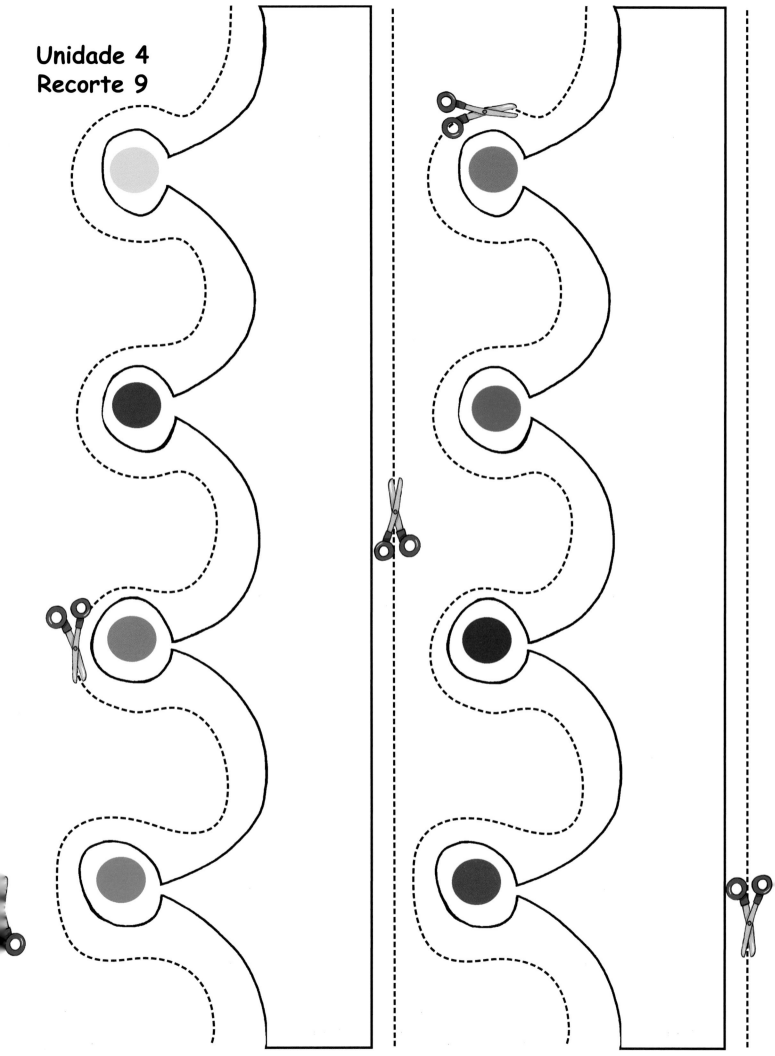

Unidade 4
Recorte 9

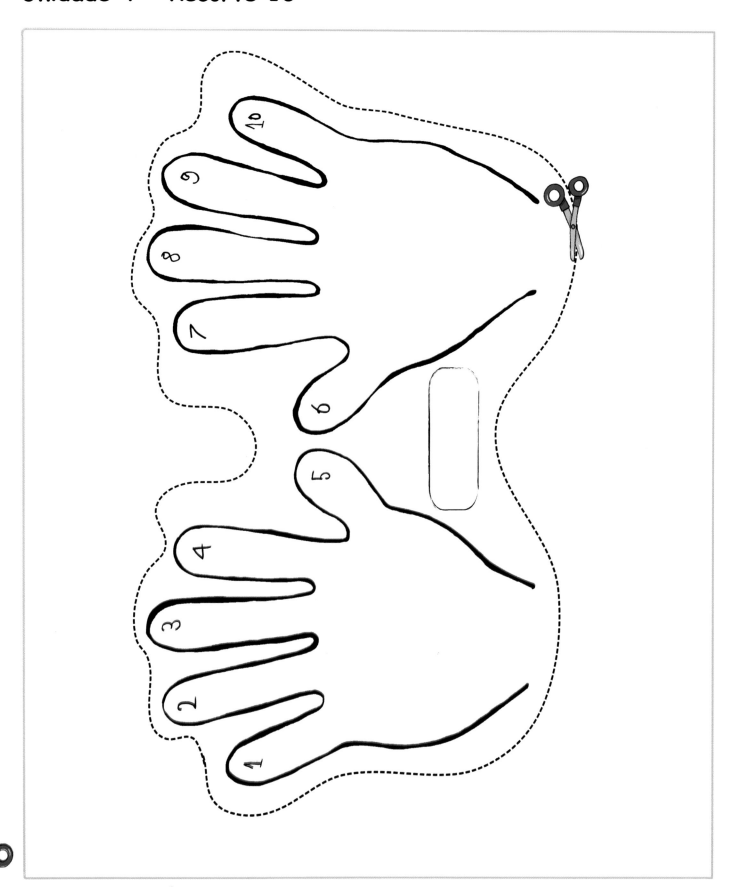

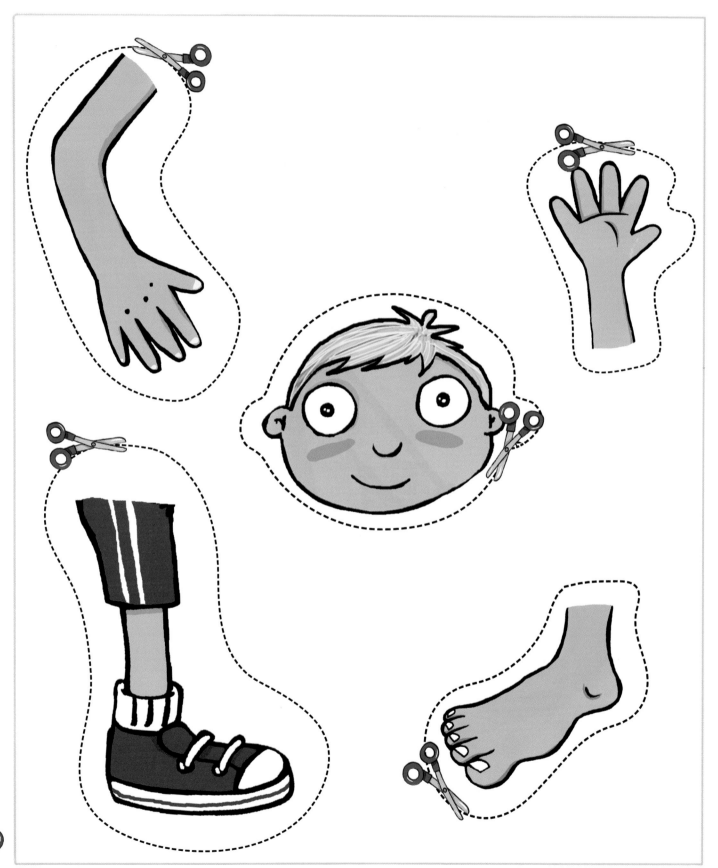

CD Áudio
Tempo total de gravação: 30 minutos

Faixa

1   <u>Unidade 1</u> – Família nuclear e animal de estimação
Canção – Bom dia
História – O cão Salpicos

2   <u>Unidade 2</u> – Animais do Jardim Zoológico
Canção – O elefante
História – O Manuel leva o Salpicos ao Jardim Zoológico

3   <u>Unidade 3</u> – As cores
Canção – Bibe colorido
História – Gostas de que cores?

4   <u>Unidade 4</u> – A família em festa
Canção – Parabéns a você
História – Dia de festa

5   <u>Unidade 5</u> – A escola
Canção – Que linda falua
História – O Manuel vai com o pai para a escola

6   <u>Unidade 6</u> – O corpo em ação
Canção – Quando eu estou contente
História – A aula de ginástica

Faixa

7   <u>Unidade 7</u> – A casa e o jardim
Canção – Lá vai uma, lá vão duas
História – A menina do Cabelo de Ouro

8   <u>Unidade 8</u> – Férias
Canção – A moda da Rita
História – As férias do Manuel e do Salpicos

9   Trava-língua

10   Canção dos números

11   Canção dos números e das cores

12   Canção dos dedos

13   Canção e lengalenga do 7

14   Canção: Olha a bola Manuel

15   Canção: Era uma casa muito engraçada

16   Lengalenga: A casa tem...

17   Canção da flor

Autocolantes

* esta página é para dares ao teu professor